11 ideas útiles para estar mejor

Sergio Montoya Chica

Creating Links & Advanced Services

11 ideas útiles para estar mejor

1ª Edición, Madrid, 2005

3ª Edición . Edición de Bolsillo

Copyright© de Sergio Montoya Chica
Editado por Creating Links & Advanced Services
CLASE S.L. Madrid, 2007

Reservados todos los derechos. Quedan rigurosamente prohibidas, sin la autorización escrita del autor, bajo las sanciones establecidazas por las leyes, la reproducción total o parcial de esta obra por cualquier medio o procedimiento, comprendidos la reprografía y el tratamiento informático.

ISBN 978-84-609-4565-9

*A Clara, mi esposa,
la impulsora, promotora
y alma de este libro*

*A las miles de personas que
han estado en mis talleres
y con los cuales he podido constatar
la utilidad de estas ideas*

CONTENIDO
Presentación

1. Ideas útiles Vs. Ideas verdaderas
2. Las cosas se ven de acuerdo al cristal con que se miran.
3. Sonría: Está en cámara escondida
4. Canalice su agresividad
5. "De grano en grano, llena la gallina el buche"
6. Engaños y autoengaños
7. Soluciones ¿para siempre?
8. El humor, una herramienta salvadora
9. Aplique el acróstico D.A.R.

10. La insoportable impredictibilidad del SER.

11. Ideas Rápidas
11.1 Una pequeña tontería al día. La cuota de adrenalina.
11.2 Salir de nuestra zona de comodidad
11.3 Ejercicio
11.4 Buscar Ratos de silencio

Recomendación final

Presentación

Existen miles de libros de autoayuda y aunque quisiera decir que éste es otro totalmente diferente probablemente sea uno más. Sin embargo, confío en que el lector encontrará algunas ideas útiles que le permitirán avanzar y conseguir un estado personal y familiar más cerca de lo que siempre soñó o de lo que cree que se merece.

Por su título y sus pretensiones este libro puede asumirse como un manual, bastante sintético por lo demás, de algunas claves, tácticas, ideas o pensamientos que pueden ayudar a algunas personas a desbloquear, "dar luz a..." o resolver problemas.

Quisiera ser prudente en los alcances de este trabajo, porque a lo largo de mis años como persona inquieta por su bienestar y tras 18 años como psicólogo, he escuchado como los libros de autoayuda se presentan así mismos como las panaceas para resolver problemas de manera definitiva y siempre bajo el elegante slogan, pero muchas veces difícil de practicar, de "TU PUEDES HACERLO". Precisamente por estas pretensiones, procuraré no extenderme innecesariamente en la exposición de la idea de manera que la lectura del libro sea a la vez práctica y rápida. Como usted mismo podrá comprobar, en un par de horas habrá terminado la lectura, sin embargo si quiere sacar el máximo provecho de estas ideas, vuelva una y otra vez sobre ellas, ensáyelas aunque no las crea del todo. Si le sirven, muy bien. Si no, habrá utilizado bien su tiempo en una lectura constructiva.

Esta declaración acerca de los libros de autoayuda que se fundamenta en un hecho bastante lógico y comprensible significa entre otras cosas que el autor del libro dice que si él lo ha logrado o las personas que menciona en su libro lo han logrado, también el lector podrá hacerlo.

Como ellos, estoy seguro que si las personas atienden, analizan, estudian, ponen en práctica o discuten estas ideas, encontrarán algunas respuestas útiles.

Este libro trata precisamente de esto. He sintetizado en 11, algunas ideas que permitirán que Usted esté mejor. Encontrará que cada una de estas ideas lleva consigo otras más para poder explicarla y apuntalarla, pero hemos optado por este número didáctico, de manera que su lectura se haga más fluida. Podrían ser 200 ideas o 1000 ideas pero esto haría que la obra fuera impensable e interminable, si tenemos en cuenta la cantidad de claves que ya aparecen en el mercado y que miles de psicólogos, "gurús", maestros, iluminados, sabios y profesores nos han proporcionado a lo largo de la historia.

No se trata de cómo conseguir más dinero, o de cómo alcanzar la felicidad, sólo de algunas ideas pequeñas, que pueden pasar incluso desatendidas por la mayoría de las personas y que le pueden permitir sentirse mejor consigo mismo, con las personas que le rodean y con el mundo. Tampoco es un programa que haya que seguir en orden, algunas de las ideas no tienen nada que ver con la anterior pero pueden ser, como hemos dicho, igualmente útiles.

Quiero hacer notar que el libro no se llama "11 ideas útiles para **ser** mejor", sino para **estar** y aunque es posible que al llevar a la práctica alguna de estas ideas usted puede convertirse en una mejor persona, ése resultado será propio de su trabajo, no de este libro. Sólo quiero aportar sugerencias para que usted **esté** mejor.

No quiero cambiar nada en su vida ni crear un orden mundial diferente. Sólo hacer énfasis en algunas ideas útiles.

Así que dispóngase a leer este libro sin muchas expectativas y como una lectura de paso que puede proporcionarle algo importante o que sólo le ayudará a pasar el rato mientras va en el autobús o espera a que su médico le atienda.

Ideas Útiles
Vs.
Ideas Verdaderas

> Se puede admitir la fuerza bruta,
> pero la razón bruta es insoportable.
> *Oscar Wilde*

La primera idea útil es: **Deje de buscar ideas verdaderas y busque ideas funcionales.** Aunque Usted no lo sepa hemos heredado una verdadera miseria intelectual según la cual debemos ir en pos de la verdad en cada cosa que hacemos.

No quiero hacer aquí una discusión sobre el valor de la verdad desde el aspecto ético y filosófico, sino simplemente señalar que es una auténtica carga pesada el estar siempre esperando encontrar la clave definitiva de todas las cosas, la verdad que nos hará libre. La búsqueda de la verdad conduce a la neurosis y a la tensión.

Una da las características de esta lacra es que siempre pensamos que hay una verdad más verdadera debajo de cada respuesta que encontramos. No sobra decir que sobre esta lacra se ha basado la ciencia durante cientos de años y que lo seguirá haciendo porque la ciencia como sus diferentes asignaturas está así misma metida en una trampa, posiblemente construida por ella misma.

Pues bien. Yo les digo que es una idea útil buscar ideas funcionales y no ideas verdaderas. Por ejemplo un buen día encuentra un letrero que dice: "No pise el césped". ¿Es una idea útil para usted? Sí, perfecto. Obedézcala o aplíquela. Estoy seguro que si Usted ya creía en esto antes de ver el letrero, éste letrero no hubiese sido necesario. Pero si Usted no lo ha tenido en cuenta y no tiene cuidado con la naturaleza o con el orden de los jardines públicos, probablemente esta idea la tendrá que ver muchas veces y aún así no lo obedecerá nunca. Muchas personas han visto señales, indicaciones, instrucciones e ideas útiles durante toda su vida y se han muerto sin seguirlas. Alguien dirá que tiene que ver con la consciencia que cada uno pueda tener a la hora de tomar una decisión y estoy de acuerdo. Pero esa consciencia sólo se puede desarrollar en la medida en que su propio esfuerzo y las circunstancias externas como la educación oficial y la formación familiar le hayan dado elementos para que en un momento determinado decida pisar la hierba o no.

Cuando lea una idea que le llame la atención, no diga, ¡Eureka!, pues claro ésta es la verdad. Diga más bien, esto coincide con lo que he estado buscando o necesitaba. Eso es. Es una idea útil. Lo que es verdad para Usted puede no serlo para otros, por lógico, comprensible y "verdadero" que a Usted le pueda parecer.

Si no se quiere complicar con el lenguaje, diga que hay verdades útiles en vez de "verdades verdaderas".

Parte del problema de ir en pos de las "verdades verdaderas" es que empezamos a tiranizar nuestro entorno porque cuando comprobamos que las personas al rededor no se rigen por las mismas "verdades" que las nuestras, pensamos que están equivocadas o en el peor de los casos, les asignamos malas intenciones y a consecuencia de esto las discriminamos, rechazamos o incluso matamos.

Otro problema de esta herencia de la obsesión por la verdad es que terminamos desgastando nuestra vida en buscar lo inalcanzable. Miles de científicos, pensadores, seres iluminados y poetas han demostrado hasta la saciedad que la verdad absoluta no existe y que por tanto ir en busca de ella es una actitud ilusoria propia de una persona con problemas mentales.

Si Usted me dice que según esto un 99% de la población tiene problemas mentales, probablemente mi respuesta sería afirmativa, porque heredar esta búsqueda de la verdad ha vuelto a nuestra sociedad competitiva, desleal, calculadora, neurótica, salvaje, egoísta e hipócrita.

Si Usted me dice que exagero y que también hay personas compasivas, comprensivas, solidarias, amorosos y soñadores en un mundo mejor, le diré que está en la razón. Yo soy una de esas personas. Y estoy seguro que quienes practican estos valores lo hacen porque han llegado a la conclusión que éstos son importantes (útiles) para ellos y sus semejantes.

Otra ventaja de renunciar a la herencia de la búsqueda de la verdad absoluta se puede aceptar con tranquilidad el rechazo del otro. A Usted no le parece *cierto* lo que estoy diciendo, no hay problema, quiere decir que ésta no es una idea *útil* para sus necesidades o sus problemas o su esquema de pensamiento. Sin embargo no me negará, alguien de los que están leyendo esto, que lo primero que está tratando de hacer es darle un valor de verdadero o falso a lo que digo. A eso me refiero con la *"miserable herencia"*. Cada cosa que leemos, hacemos o hacen y dicen los demás las tamizamos a través de la idea de verdad que tenemos y eso hace que rechacemos muy buenas ideas, que aceptemos unas que no lo son tanto o viceversa.

Primera idea útil: ***Busque ideas útiles, no ideas verdaderas.***

Las cosas se ven de acuerdo al cristal con que se miran

> Y es que en este mundo traidor,
> no hay verdad ni mentira:
> todo es según el cristal con
> que se mira.
> *Ramón de Campoamor*

Durante cientos de años muchos sabios nos dijeron que las cosas son ***del color según el cristal con que se miran***. Esta idea útil que luego diversas investigaciones antropológicas, sociológicas y psicológicas han demostrado, encierra una serie de acciones que nos permitirían liberarnos de muchos sufrimientos.

En primer lugar ***el cristal*** con que miramos las cosas son nuestros propios esquemas tanto emocionales como de pensamiento. En segundo lugar quiere decir que las cosas no son en sí mismas lo que la gente opina que son sino lo que nosotros decimos que son. Esta es una idea difícil de aceptar porque hemos heredado conjuntamente con la idea de la verdad, la idea de que la realidad existe por fuera de nosotros, y que lo que hacemos nosotros es descubrirla. Sin embargo un aporte de una teoría llamada el constructivismo radical es que la realidad no la descubrimos sino que la construimos.

Nosotros somos nuestro propio filtro para mirar y evaluar las cosas. Fíjense por ejemplo lo que sucede con los niños pequeños en las piscinas. Los niños se acercan protegidos por su instinto de supervivencia al borde de la piscina, pero luego llegan los padres a alarmarlos diciéndoles lo peligroso que es y una serie de miedos que empiezan a meterles. Un pequeño análisis nos descubriría que los miedos que realmente se están manifestando son los de la madre y no los del niño. El peligro existe primariamente en el esquema mental de la madre y como ella piensa que el peligro es real y externo a ella debe proteger a su niño de tal peligro. Además, el mensaje solapado que una madre o un padre temeroso le brinda en estas situaciones al hijo es de "tú no eres capaz", con lo que puede instaurarle el miedo imposibilitante de enfrentarse con cierto nivel de riesgo en la vida.

El peligro está. Pero la manera cómo evaluemos ese peligro con sus posibles consecuencias y los aprendizajes que obtengamos de la forma de enfrentarlo depende del cristal con que lo miramos.
Alguien dirá que ha habido muchos accidentes y que se han ahogado muchos niños, pero si Usted observa a los padres que

no tienen este temor lo que le enseñan a sus hijos es a manejar lo bordes y lo entrenan para que ante una posible eventualidad, que dicho sea de paso, le puede pasar hasta a el nadador más experimentado, sepa cómo desenvolverse. La evaluación de peligro y el miedo consecuente con ese juicio no está afuera sino dentro de nosotros.

Lo mismo pasa con la belleza, la maldad, la fealdad, la bondad y todo cuanto nos rodea. No somos sujetos pasivos ante una realidad existente, somos los co-protagonistas, los co-constructores.

Nosotros hemos construido el cristal con que miramos las cosas y es éste el que debemos cuestionar y revisar a ver si está lleno de ideas estimulantes y constructivas o de ideas derrotistas y dañinas.

Estoy seguro que si usted revisa su cristal, encontrará miles de ejemplos de cómo evalúa sus experiencias de acuerdo a sus creencias.

La conclusión de esta idea es verdaderamente importante: **Es Usted quien construye su bienestar a su malestar.**

Una mujer maltratada dirá que su malestar viene de afuera y que ella no se lo está construyendo porque hay un ser independiente de ella que le está haciendo daño. Yo le digo que si revisamos cómo es posible que esta persona haya dado con un maltratador (que no se excusa), cómo permitió que unas agresiones trascendieran y llegará a límites insospechados, encontraremos que en ella están instaladas creencias (su cristal) de lo que son los hombres y las relaciones, de lo que se debe permitir y el "aguante" que se debe tener. No queremos sugerir la idea, para que los movimientos feministas y las ONG contra la agresión doméstica no se ofendan, de que las mujeres agredidas son responsables de su maltrato. Nada más lejos de mí. Sólo estoy diciendo que si revisamos caso por caso, encontraremos que existen filtros (cristales) que facilitan que se de un evento de maltrato o no.

Es posible que algunas personas decidan que no sólo van a revisar y cuestionar el cristal con que miran sino que lo van a cambiar totalmente. No sé si esto sea posible, pero cada uno conoce sus posibilidades y sabe hasta dónde puede llegar.

Segunda idea útil: *Revise o cambie el cristal con que mira las cosas (Usted mismo y su entorno) y límpielo de las suciedades que le impiden estar mejor.*

Sonría:
Está en cámara escondida

11 ideas útiles para estar mejor

> Creía que un drama era
> cuando llora el actor,
> pero la verdad es que
> lo es cuando llora el público.
> ***Frank Capra***

Cambiar, revisar, cuestionar o modificar el cristal requerirá algunas acciones que nos saquen de nuestra forma habitual de hacer las cosas y de vivir el día. Y aquí hay que hacer otra claridad. Algunas personas piensan, y esto puede ser una idea útil para ellos, que primero deben modificar su esquema mental para poder hacer cambios. Sin embargo esto a muchos puede no funcionarles y quiero darles otra idea. En muchas ocasiones lo que hay que hacer es cambiar para que nuestro pensamiento se modifique. Dicho de otro modo, es válido "Cambiar el pensamiento para poder hacer cosas diferentes" pero es igualmente válido "Hacer cosas diferentes para cambiar nuestra forma de pensar". Un ejemplo muy sencillo son aquellas personas muy rígidas con respecto a la idea de que los talleres de crecimiento personal son una tontería y que no merece la pena perder el tiempo en esas "sensiblerías", pero si logra, por la razón que sea permitirse la experiencia, he visto como muchas de esas personas salen con una perspectiva diferente de este tipo de estrategias y de la vida misma. Otro ejemplo aún más sencillo: permítase, sin mucha reflexión ir a aprender a bailar y verá cómo su forma de pensar sobre usted mismo, los demás e incluso la vida cambia.[1]

Sé que la mayoría de los lectores reconocerán estos programas de televisión donde someten a algunas personas a situaciones no habituales con el ánimo de registrarlos en un video y reírse luego de ello.

¿Qué pasaría si en una situación de mucho estrés descubriera que todo ha sido una trama porque es sólo una broma de cámara escondida?

Seguramente su reacción pasaría de muy seria a relajada o a lo mejor (según su cristal) la situación se convierte en algo más estresante aún.

Ahora, ¿qué pasaría si cuando Usted se encuentre en una situación estresante **se imagina** que está en una broma de cámara escondida?

---

[1] Puede que su sensibilidad especial no sea la danza, pruebe con otras cosas, pintura, algunos deportes, etc.

Si logra imaginarse esta situación, posiblemente y de manera inmediata pasará de una sensación estresante a una sensación más tranquila.

Esta es una técnica que ha demostrado ser muy eficaz y que, aunque formulada hace varios siglos, se conoce como la técnica del **"como si"**. Hay que actuar **"como si"** lo que necesitáramos cambiar ya lo hubiéramos cambiado.

Como sucede con las ideas anteriores y con las que siguen, esta idea tendrá sus seguidores y quienes no están de acuerdo con ella. Hay personas que son buenas para imaginar y actuar, sin complicarse mentalmente diciendo que no es un cambio real sino un cambio "teatralizado", pero hay otras personas que dirán que no es fácil actuar "como si" ya hubieran resuelto un problema que en el fondo no han resuelto.

Y precisamente por esto permítanme explicarme un poco más. Para aprender a montar en bicicleta yo tengo que montar en la bicicleta y caerme 100 veces, y a la 101 probablemente ya no me caeré y toda la experiencia acumulada en mi aprendizaje actuará.

Me puedo quedar estudiando o racionalizando cómo hago para cambiar una situación o puedo dedicar mis energías a conseguir ese cambio. Mientras pienso y calculo que es lo que más me conviene, posiblemente pierda mucho tiempo que luego puedo lamentar. Sucede con frecuencia cuando sentimos que tenemos que decirle algo importante a alguien pero no nos atrevemos. Pensamos y pensamos la mejor manera de hacerlo y muchas veces nuestros miedos nos llevan a que nunca lo hagamos. Otra manera de conseguirlo es arriesgándonos a hablar diciendo por ejemplo "tengo algo importante para decirte pero no sé por donde empezar, porque si lo pienso mucho posiblemente me de cuenta que no lo debería decir, pero luego me voy a sentir terrible por no haberlo dicho, así que te lo voy a decir..." y a continuación expresamos lo que queremos o parte. Una táctica como esta nos dejará por lo menos la puerta abierta a que si esta vez no sale bien, puede haber otra oportunidad para corregir o complementar lo que queríamos expresar, además tendrá la ventaja que nuestro miedo inicial ha sido vencido y nuestro cuerpo ya tiene la experiencia, que utilizará para las ocasiones venideras.

En este ejemplo la persona ha actuado "como si" fuera una persona decidida y entre más actúe de esa manera llegará un momento en que el "como si" dejará de ser una especie de "teatro terapéutico" para convertirse en una habilidad personal.

Aclaro que en muchas ocasiones es mejor planear y pensar antes de actuar, y que en la situación que comentamos y cómo lo expusimos no estamos diciendo que hay que "tirarse al ruedo" en todas las situaciones de nuestra vida, pero que si hay un área donde nos sintamos especialmente incapacitados, podemos utilizar la técnica del "como si" para cambiar esa área de forma efectiva y duradera.

Volvamos a la cámara escondida. Es la misma técnica del "como si", sólo que después de un análisis posterior. Usted está en una situación difícil y de pronto activa su imaginación y se siente que lo están filmando, ¿cómo quisiera que lo vieran? Si logra esto encontrará una gran libertad de acción.

Está usted en medio de un auditorio que lo escucha y de pronto se queda en blanco y no sabe qué hacer. Se imagina que está en cámara escondida y que todo aquello no es más que una elegante broma que la vida le está haciendo, por difícil que le pueda parecer. Se puede enojar o autocompadecerse todo lo que quiera, pero si logra esta nueva perspectiva, encontrará la situación incluso divertida.

Tercera idea útil: *Imagine en las situaciones difíciles que está en una broma de cámara escondida y actué "como si" la dominara de una manera que le satisfaga.*

Canalice su agresividad

> La violencia es
> el último recurso del incompetente.
> ***Isaac Asimov***
>
> Lo que se obtiene con violencia,
> solamente se puede mantener
> con violencia.
> ***Mahatma Gandhi***

La agresividad es una reacción tan humana como la risa o las lágrimas. Es fundamental expresarla y darle el crédito y el respeto que se merece. Habitualmente las políticas educativas de la gran mayoría de los países predican desde los años de infancia la necesidad de ser pacíficos y como decimos más coloquialmente, llevar las cosas por las buenas. Esta idea, aunque muchas veces no se reconozca lo suficiente, se basa en el reconocimiento de que la agresividad humana viene en el paquete con el que nacemos.

Sean cuales sean los motivos de la conducta agresiva del ser humano, lo cierto es que ésta existe y puede alcanzar las cotas criminales que todos conocemos y que, por supuesto, no se pueden permitir de una manera no reglamentada. Por ello nacieron las leyes, como una manera de penalizar y prevenir las agresiones de todo tipo.

La agresividad que se puede manifestar de diferentes formas, es importante canalizarla de manera que no nos haga daño a nosotros cuando la sentimos, ni le haga daño a los demás cuando la expresamos.

Nos vamos a ocupar de la agresividad más doméstica y dejaremos los líos de la agresividad social a la justicia y a otros libros.

Se puede ser agresivo con los tradicionales gritos, golpes, alaridos, gesticulaciones intimidantes, pero también quedándose callado(llamada agresividad pasiva), con un comportamiento indirecto, con un comentario sutil, y/o sembrando cizaña en el ambiente familiar, de amigos o de trabajo.

Lleguemos al punto: Una agresividad **MAL EXPRESADA**, daña a quien la expresa y daña el entorno donde ese comportamiento tiene lugar. Una agresividad sentida pero **NO EXPRESADA,** igualmente. Aunque probablemente haga más daño a quien se "traga" esa agresividad. Una agresividad **BIEN EXPRESADA o BIEN CANALIZADA** provoca satisfacción personal y enriquece el ambiente donde se expresa creando situaciones de crecimiento personal y relacional.

La agresividad **MAL EXPRESADA** es causa de conflictos familiares y sociales, de hematomas, moretones y daños físicos importantes. En todos los países las estadísticas de violencia doméstica es dramática.

La agresividad **NO EXPRESADA** es causa de muchas dolencias internas, desde el estrés, hasta la exacerbación de las úlceras, dolores de garganta, de pecho y de cabeza, infartos, cáncer y un importante disminución de las defensas del cuerpo, que ponen a la persona en situación de indefensión ante cualquier enfermedad.

Una importante diferencia: hay que aprender a *expresar* la agresividad, **no** a **dramatizar** la agresividad. Se dramatiza cuando hacemos uso de nuestra capacidad de actores para gesticular de manera exagerada, contorsionar nuestro cuerpo, tirar todo lo que está a nuestro lado, quebrar lo que está más cerca a nosotros y en definitiva, habitualmente, hacer y decir cosas que intimiden a la otra persona que es objeto de nuestra agresión. Esta **dramatización** de la agresividad generalmente causa las famosas escenas de "no era eso lo que quería decir", "es que lo dije en un momento de rabia", "es que no sabía lo que hacía", etc., etc.

¿Cómo expresar positivamente (canalizar, hacer pasar por un canal) mi agresividad?

Aunque aquí lo hemos expresado de manera sencilla, aprender a expresar nuestra agresividad requiere un entrenamiento y para muchas personas incluso terapia profesional. Los japoneses han tenido algunas ideas creativas al respecto. Por ejemplo en las empresas existen salas con cojines con las caras de sus jefes, para que en ciertas sesiones los trabajadores vayan allí y les peguen unos cuantos golpes.

Ésta es una idea útil. Si tiene que pegar a algo en un momento de rabia, que sea a un instrumento que no cause daño físico ni a usted, ni a nadie, ni a nada, ni daño a su bolsillo. Y aquí lo que entra en juego es su creatividad. Busque algo a lo cual usted pueda desplegar su rabia en un momento determinado. Si lo planea previamente, podrá tomar una decisión más acertada en un momento en que la agresividad no lo deje pensar con claridad.

Planificar previamente hacia dónde vamos a dirigir nuestra agresividad puede ser una idea útil. Si tiene miedo de decir cosas de las cuales luego se arrepentirá, y tiene tiempo de respirar antes de decirlo, lo mejor sería que apunte en un papel primero lo que quiere decir y luego revise en un segundo momento, si lo que va a decir y cómo lo va a decir va a tener consecuencias positivas o negativas para la relación. Recuerde: Siempre hay que expresar la agresividad, **PERO...** de una manera que genere alternativas de mejoramiento y de crecimiento personal y de la relación.

Otra manera divertida, aunque es más aplicable en relaciones de compañeros de trabajo, de familia o de pareja habituales, son las sesiones fijas de expresión de sentimientos, entre ellos la agresividad. Consiste en planear un día y una hora específica para decirse todo lo que quisieran decirse en otros momentos. Para algunos, esto puede perder esa sensación de satisfacción de decir las cosas en el momento exacto que las quieren decir, pero por contra permite meditar más y mejor lo que realmente ha pasado y escoger palabras y gestos más apropiados. Decimos divertida, porque un efecto especial de esta "hora fija" es que en muchas ocasiones termina en risa (aunque no siempre).

Si bien en un primer momento no nos gusta que nos señalen cosas negativas, una agresividad bien expresada nos permite un agradable descanso interno y la otra persona tiene elementos para pensar en cómo mejorar (si realmente es ella la causante del evento) o para reconocer que se encuentra ante una persona civilizada aunque esté equivocada.

Cuarta idea útil: *Canalice su agresividad de forma creativa y positiva de tal forma que genere alternativas de cambio en usted y su entorno.*

"De grano en grano, llena la gallina el buche"

> Se alcanza el éxito
> convirtiendo cada paso en una meta
> y cada meta en un paso.
> ***C.C. Cortez***

> *"Nadie es capaz*
> *De dar dos pasos a la vez[...]*
> *Solamente paso a paso*
> *Puede un hombre recorrer*
> *Diez mil millas"*
> ***Proverbio Oriental***

Desde que éramos niños y aún de mayores nos han dicho que si uno quiere cambiar algo lo mejor es hacer algo radical, grande e importante. Que si no lo hacíamos así, realmente no cambiaríamos o nos demoraríamos mucho en hacerlo. Los políticos y los religiosos son muy buenas en transmitir esta idea, que en algunos contextos puede tener cierta utilidad, pero que puede convertir el cambio, para otra gran mayoría en algo casi imposible de alcanzar. Estos personajes nos han dicho que hay que hacer grandes cosas, hay que "convertirse", que no se puede ir a medias tintas, hay que conseguir la paz, la felicidad, solucionar el problema del empleo, el hambre, la ignorancia y una gran cantidad de problemas que sufrimos en la sociedad y a nivel personal. Las esperanzas de los pueblos, las promesas religiosas y políticas, se basan en estas ideas del "GRAN CAMBIO". Y ya sabemos luego lo que pasa. Las promesas se diluyen o no llenan las expectativas que tenemos. Aún así, en las próximas elecciones, estamos pendientes de que estas personas vuelvan a utilizar planes gigantes para poder resolver los problemas de la comunidad.

El asunto no es sólo problema de estos señores; nosotros, hemos incorporado esta idea de que nuestros grandes problemas requieren grandes soluciones y planes infalibles y definitivos que nos lleven a la felicidad esperada. Pero **ATENCION**, esto es sólo un esquema mental, una forma de pensar, y como cualquier otro tiene unas aplicaciones específicas en unos ambientes concretos.

Una de las grandes desventajas de los planes magníficos es que las decepciones son igualmente grandes. Entre más expectativas orientemos a una meta en especial, más probabilidades tenemos de salir defraudados. Es un asunto de simple lógica de compensación. Si apuesto mil y sólo gano 10, tengo una gran decepción. Si apuesto 10 y gano 1, la decepción es proporcional a la calidad y cantidad de nuestra apuesta.

Podemos tener grandes sueños, pero estableciendo los pasos concretos que nos lleven hasta allí. Los sueños que no se cumplen porque intentamos conseguirlos de la manera inadecuada, son sólo eso, sueños, imágenes fantasiosas sin sentido que nunca llegan a concretarse.

Estoy seguro que a muchos de ustedes, mientras yo digo esto su mente le está diciendo que no, que hay que pensar en grande, que hay que lanzarse a hacer cambios de gran envergadura, que debemos arriesgarnos y ser valientes. Y esto es posible en muchos casos y de hecho es lo que deberíamos hacer en algunas situaciones. Sin embargo, y es el objetivo de esta idea, también existe otra manera de hacer grandes cambios y es ir **paso a paso,** hacer un *"plan de pequeños pasos".*

Es posible acá que algunos confundan los niveles. Una cosas son las metas, para las cuales recomendamos pensar en grande, en ideas motivadoras. Otra son las estrategias de solución que utilizamos para llegar a esas grandes metas. El *"plan de pequeños pasos"* es muy útil como estrategia de solución de problemas que consideramos muy grandes o como mecanismo para alcanzar grandes metas.

Un plan de pasos pequeños no causa emoción en el ambiente, no tiene la publicidad suficiente, porque muchos tienen metida la idea de los grandes cambios. Los que han intentado dejar algún vicio, los que vienen enfrentando un problema personal, laboral o de algún tipo de relación, desde hace mucho tiempo, llegan a un punto en que empiezan a buscar el milagro, el santo grial, la clave para quitarse de una vez por todas sus males.

Si necesito ir de una esquina a otra de una calle, puedo tratar de hacerlo dando grandes pasos o incluso brincos, pero si no tengo el estado físico adecuado es posible que tenga una luxación o me canse de tal manera que no llegue o llegue extenuado. Pero si vamos paso a paso, independientemente del estado físico que tengamos estoy casi seguro que llegaremos, con la posibilidad de poder corregir con mayor efectividad nuestra trayectoria, que si estamos avanzando demasiado rápido.

De forma que otra idea útil, que quiero recordarles (porque ya la sabiduría popular nos lo ha dicho desde hace bastante tiempo), es que para muchas personas y ante innumerables problemas personales y sociales un **plan de pequeños pasos** tiene mayor probabilidad de éxito que hacer grandes cambios. Y esto va unido a la idea de que no hay soluciones definitivas para los problemas, hay soluciones más efectivas que otras y esa efectividad también incluye el que duren la mayor cantidad de tiempo. Buscar soluciones definitivas crea tensión, neurosis, esquizofrenia. Incluso médicamente, yo puedo pretender estar mejor de salud cada vez, pero si mi meta es no sufrir ningún tipo de dolencia y empiezo a hacer un plan para acabar con cualquier irregularidad en mi estado físico, lo único que conseguiré es crear la tensión, el estrés y con ellas las enfermedades que supuestamente estoy tratando de evitar.

Si le viene bien, coja un papel y escriba uno de sus problema (no pretenda resolverlos todos de una vez) y establezca un plan de pequeños pasos, con fechas y metas intermedias. No tiene por qué torturarse, si lo desea hágalo de la forma más cómoda posible. Si quiere dejar de fumar, establezca primero en cuánto tiempo quiere hacerlo. Déle, por ejemplo, el valor de un día a cada cigarrillo. Su plan de pequeños pasos puede consistir en dejar de fumar un cigarrillo por día. Si actualmente se fuma una cajetilla de 20 cigarrillos, es factible que en un mes o dos usted pueda tener un control mucho mayor sobre la cantidad de cigarrillos que se fuma. Pero si lo deja en el acto, es posible que aguante un tiempo, pero cuando vuelva a hacerlo, se sentirá más mal con usted mismo y con menos fuerza para volver a intentarlo la próxima vez.[2]

---

[2] Esto es sólo un ejemplo. Recuerde que esto puede ser útil para algunas personas pero para otras puede resultar incluso absurdo.

Quinta idea útil: **Establezca un *plan de pequeños pasos*.** Recuerde los proverbios populares: *"de grano en grano llena la gallina el buche"* y *"sin prisa, pero sin pausa"*.

Engaños y Autoengaños

> La tristeza de la separación
> y de la muerte
> es el más grande de los engaños.
> ***Mahatma Gandhi***

> El que tiene la verdad en el corazón
> no debe temer jamás
> que a su lengua le falte
> fuerza de persuasión.
> ***John Ruskin***

En un libro que escribí hace unos años, ***LA CULTURA DE LOS ENGAÑADOS***, planteo que el "engaño" es un instrumento utilizado desde que el mundo es mundo, e incluso no sólo por los seres humanos, sino también por otros seres vivos como animales y plantas.

Sin embargo, en los seres humanos, tendientes a normatizar y a moralizar todos los comportamientos como una estrategia de control social, por cierto bastante útil en muchas ocasiones, ha "satanizado" el engaño como uno de los peores defectos del ser humano y de la convivencia social.

Pero el engaño es la materia prima de las relaciones humanas, de la educación, de los gobiernos y de todo el tejido social en general. Los medios de comunicación se han convertido en instrumentos de las instituciones para perpetuar y difundir los engaños que mantengan las ventajas para los grandes grupos económicos que manejan el consumo y luchan permanentemente por la manipulación de la opinión pública.

Es un instrumento tan utilizado y diría yo, por la evidencia de los hechos, tan necesario para que la realidad se pueda sostener, que nosotros mismos requerimos una dosis importante de autoengaños para mantenernos medianamente sanos psicológica y socialmente.

Quiero proponer como una idea útil que el engaño ha de ser estudiado y utilizado con fines positivos, ya que es inevitable que sea usado y tácticamente manipulado por intereses oscuros. Una vez que reconocemos los engaños que utilizamos y que están incorporados a nuestras creencias, podremos actuar con más libertad a la hora de decidir en qué comprometer nuestras emociones y nuestros actos.

Por duro que esto pueda sonar para los extremistas moralistas y los más ortodoxos seguidores de las leyes religiosas, es imposible no engañar, así como es imposible no comunicar. El engaño es inherente a nuestra naturaleza, justo porque muy probablemente está fuertemente arraigado en nuestro ADN como medio de supervivencia.

Los evangelios cristianos dicen que "la verdad os hará libres". Y eso es cierto. Todos hemos experimentado la sensación de tranquilidad mental que se siente después de que revelamos un engaño o una información que no debimos omitir, pero lo hicimos. A pesar de lo molesto o incómodo de la situación, sentimos una gran liberación y descarga relajante, aunque acto seguido tengamos que enfrentarnos a las consecuencias de nuestros actos. Pero también es cierto que una verdad dicha en el momento inadecuado puede ser inútilmente cruel e inoficiosa.

A riesgo de que algunas personas conviertan el tema en un asunto de blanco y negro, nada más alejado de mi intención, he de proponer para poder explicar más este punto de vista que existen unos engaños positivos y unos engaños negativos. Si yo como conductor de un programa de radio invito a las personas para que participen solidariamente en una recolecta de fondos para una ONG que trabaja con niños pobres y para que tenga más efecto digo que yo ya he colaborado (así la realidad sea que no puedo o no tengo tiempo para ir hasta allí a dejar mi colaboración), es posiblemente más positivo que si digo que tomen un producto que sé que no le hace mucho bien a la salud, sólo porque es uno de los patrocinadores de mi programa.[3]

Todos los métodos de auto-persuasión y auto-motivación empiezan con una importante cuota de auto-engaños. Decirnos a nosotros mismos que somos capaces de cambiar, cuando algo en nosotros nos dice que no es posible, o que nosotros no tenemos las habilidades que tuvieron otros para hacerlo, es una de las estrategias más habituales de estos métodos. Funciona en la medida en que nosotros nos convenzamos a nosotros mismos que es posible durante cierto tiempo, hasta que lo demos como un hecho real o hasta cuando de tanto insistirnos, logramos un pequeño éxito o muestra de cambio y podemos empezar un círculo vicioso positivo de cambio.[4] Un pequeño cambio nos llena de confianza, esa confianza nos lleva a hacer más cambios que a su vez nos dan más confianza y así sucesivamente hasta que logramos conseguir lo que necesitamos o por lo menos acercarnos bastante.

---

[3] Esta situación requiere profundas discusiones éticas y morales, pero este libro está orientado a la cotidianidad y en ésta, por más que se discuta sobre el tema, las personas seguirán utilizando el engaño y el autoengaño para salir adelante en la vida, para obtener una ventaja mezquina en algún asunto o para arreglar alguna relación. Una utilización consciente y orientada a aspectos positivos, de este mecanismo inherente al ser humano, me parece una idea útil.

[4] O círculo virtuoso como han llamado otros.

Así que los engaños y los auto-engaños no son ni buenos ni malos, sólo pueden ser utilizados de manera positiva o negativa. Puede ser tan engañoso decirnos a nosotros mismos que no somos capaces con algo, como decirnos que sí lo somos, pero la segunda opción probablemente en un futuro inmediato nos permitirá estar más dispuestos a buscar y conseguir nuestros objetivos con mayor probabilidad de éxito.

Revise y actualice sus objetivos y auto-persuádase de que es posible conseguirlos. No se engañe diciendo que todo lo que se propone lo podrá conseguir, pero tampoco se engañe dejando de proponerse cosas simplemente porque piensa que no puede. Propóngase objetivos realistas y alcanzables y éstos lo llevarán a nuevos objetivos realistas y alcanzables.

No podemos deshacernos del engaño ni del auto-engaño; hacen parte de nuestra esencia como seres vivos, así que una idea útil es hacernos conscientes de ellos y tratar de utilizarlos a nuestro favor y en favor de los demás.

Sexta idea útil: **Reconozca, transforme y utilice sus engaños y auto-engaños de forma que actúen a su favor y en beneficio de los demás.**

Soluciones...
¿para siempre?

> Para todo problema humano
> hay siempre una solución fácil,
> clara, plausible y equivocada.
> ***Henry-Louis Mencken***

Junto con las trampas de buscar la verdad, absoluta y final, está la idea de que ante los problemas debemos buscar la solución definitiva o la solución que para siempre nos resolverá *x ó y* problema.

De alguna manera en nuestra educación, basada en la lógica y en el supuesto sentido común estamos esperando dar con la clave que nos lleve a la felicidad completa y haga que el sufrimiento nos abandone para siempre.

Un plan de pequeños pasos como ya hemos sugerido tampoco garantiza que encontremos las solución definitiva a nuestros problemas. Posiblemente porque así como no existe la verdad absoluta tampoco existen soluciones para siempre.

Sería más realista, sensato, sano, e incluso lógico(si nos atenemos a la lógica de las ideas que hemos propuesto hasta aquí) perseguir **SOLUCIONES EFICACES TEMPORALES (SET).**

Las **SET** significan que nosotros entendemos que a pesar de que hayamos encontrado una muy buena solución a un problema éste probablemente puede reaparecer con iguales características en un futuro. Ese futuro puede ser cercano o lejano en proporción de lo *eficaz* que haya sido la solución encontrada.

Hagamos un pequeño juego de combinación de términos para explicar más lo que quiero decir:

No nos sirven:

Soluciones definitivas: No existen

Soluciones temporales ineficaces: No son propiamente soluciones. Son intentos de solución. Son aquellas que utilizamos una y otra vez pensando que tarde o temprano solucionarán el problema pero que al final no solucionan nada. Por ejemplo mi solución ante una discusión sobre un tema importante en mi trabajo es quedarme callado. Una y otra vez cuando el ambiente se pone tenso mi opción es quedarme callado. Puedo considerar como un intento de solución, pero si soy parte importante de la decisión, mi solución de callar, más que resolver el problema lo agrava. Este tipo de soluciones nos pueden dejar frustrados con la sensación de que sólo podemos tener breves consuelos a nuestros problemas pero no algo digno de llamarse solución.

Pseudo soluciones eficaces: Parecen soluciones definitivas, se ve el cambio casi inmediatamente pero rápidamente el problema vuelve, habitualmente con más fuerza. Un ejemplo de este tipo de soluciones es el uso de la violencia en los problemas familiares. Si el padre grita y manda a todos a callar ante una discusión y da una orden estricta hacia alguna situación, es posible que las personas de su grupo familiar por miedo hagan los cambios que se requieran, pero al no pasar por un análisis consciente de la necesidad de ese cambio, en poco tiempo las cosas volverán a estar igual o peor. Momentáneamente se puede sentir el cambio pero es una pseudo solución.

Las **SET** nos ponen en el camino de un sano escepticismo ante los logros que vamos consiguiendo. Pero, ATENCIÓN, escepticismo no quiere decir pesimismo. Si vamos consiguiendo resolver un problema tenemos el derecho y el deber de disfrutar estos pequeños cambios en la dirección que queremos, sin llenarnos la cabeza de falsos entusiasmos de que hemos encontrado la solución definitiva a nuestros problemas.

Una de las ventajas de las **SET** es que cada una es sólo una llave en medio de muchas posibilidades de resolver un problema. Otra de las ventajas es que reconocemos que puede no existir una sola y maravillosa solución a nuestros problemas sino que son posibles soluciones intermedias que nos pueden llevar a una posición más cómoda para nosotros ante nuestro problema.

En varios países y de eso hace varios años, existían algunos concursos de televisión donde a las personas se les presentaba un automóvil y un centenar de llaves y consistía en que si la persona adivinaba las llaves que lo abrían se lo ganaba y se lo podía llevar. Las **SET** son esas llaves. Las podemos inventar nosotros mismos o con ayuda de familiares, amigos o en casos extremos, con profesionales, pero lo cierto es que esas llaves existen y si una no funciona, a diferencia del concurso, siempre podemos volver a intentarlo. El límite lo coloca cada uno de nosotros determinando cuánto lo queremos intentar o si desfallecemos en los primeros intentos.

Lo curioso de la forma de pensar de las personas habitualmente es que:

1) Creen que mágicamente van encontrar en el primer intento la llave.
2) Si la que cogen no es la llave correcta, siguen intentando meterla una y otra vez hasta que se convencen que no es la llave correcta, pero ya están cansados para intentar otra cosa.

Por absurdo que pueda parecer esto, cuando se escribe y se lee, esta es la forma común en que las personas intentan solucionar sus problemas: *Primero se convencen de que han evaluado correctamente el problema, luego se dicen que ante tal problema no cabe sino determinada solución y que si dicha solución no funciona, entonces es que el problema es insoluble y que es inútil intentar cualquier otra cosa porque ya nuestro experto cerebro, después de su maravilloso análisis ha decidido cómo son las cosas y no caben otras posibilidades.* ¿Absurdo no? Pues así actuamos los seres humanos. ¡Una maravilla![5]

Podemos reconocer una **SET** porque perdura en el tiempo y porque con pequeños ajustes nos ayuda a resolver situaciones similares, tanto personales como de otros.

Si afronto un problema desde hace años de manera continuada y encuentro una solución que hace que el problema desaparezca un

---

[5] ¡Oh sarcasmo! ¡Dulce recurso!

mes, me puedo dar por bien servido y debería aprovechar ese mes para descansar. Si encuentro una solución que me dura seis meses, es posible que el entusiasmo me lleve a pensar que el problema se solucionó definitivamente. Si encuentro una solución que dura un año o más, puedo decir que encontré una solución muy eficaz y el problema se convierta en una anécdota del pasado. Y si además asumo que puede ser temporal, no me sorprenderé cuando vuelva a aparecer y estaré más dispuesto a hacer algunos ajustes o intentar nuevas cosas. Si creo que he llegado a la solución definitiva, y recaigo en mi problema, seguramente mi autoestima estará fuertemente afectada y mis fuerzas serán escasas para intentar otras cosas, porque... si ya tenía la solución definitiva y no se mantuvo en el tiempo, qué esperanzas tengo?.

Las **SET**, son soluciones temporales que por su eficacia alargan sus efectos positivos en el tiempo y me dejan con mejor disposición para enfrentar nuevos problemas en el futuro.

Séptima idea útil: **Evite pensar en los problemas como situaciones de una única y maravillosa solución. Hay tantas soluciones como problemas y personas hay en el mundo y tantas como su capacidad creativa le permita ensayar o su humildad le permita buscar más allá de usted mismo.**

El humor,
una herramienta salvadora

> La potencia intelectual
> de un hombre se mide
> por la dosis de humor
> que es capaz de utilizar.
> ***Nietzsche***

> A ninguna mente bien organizada
> le falta sentido del humor.
> ***Samuel Taylor Coleridge***

> Humor es
> posiblemente una palabra;
> la uso constantemente.
> Estoy loco por ella y algún día
> averiguaré su significado.
> ***Groucho Marx***

A pesar de que los diferentes enfoques psicológicos tratan los problemas humanos con diversas premisas y desde diferentes intereses, tal vez en un aspecto en el que se pueden poner de acuerdo fácilmente sea en la importancia del humor para una vida más plena y más sana.

Reírse, sonreírse, carcajearse, explotarse de la risa, tendrían que ser actividades diarias. El mundo moderno con sus prisas y angustias es mortalmente serio. Podríamos decir que sufrimos de demasiada seriedad. Los profesionales asumen sus carreras como si fueran la salvación del mundo y de la cual no deberíamos hacernos mofa. Pero lo cierto es que no hay nada suficientemente serio que no merezca una sonrisa por lo menos de vez en cuando. Muchos relatos orientales afirman que cuando se encuentra la iluminación la primera respuesta física es la sonrisa. Dicen estos cuentos que es porque los maestros iluminados se dan cuenta que la vida es un maravilloso absurdo que no hay que tomar demasiado en serio.

Si hay algo que nos deberíamos tomar mortalmente en serio es la necesidad de reír más. Buscarle chiste a todo incluso a las situaciones más apremiantes suele ser una salida relajante y una demostración de inteligencia.

La risa no sólo es contagiosa sino que pone en perspectiva cualquier situación.

"Entra una señora a la carnicería y dice:
Déme esa cabeza de cerdo de allí.
Y contesta el carnicero:
Perdone señora, pero eso es un espejo"

Cuando se hacen encuestas a las mujeres sobre las características fundamentales que persiguen en los hombres, casi un 100% de las respuestas que he escuchado y he leído incluyen el hecho de que "les haga reír". Los hombres por su parte estás más dispuestos a compartir su vida con una mujer que no sea "cansona" ni "regañona", o sea que sea graciosa.

Ejemplos hay muchos, uno de ellos y tal vez uno de los más estupendos casos sea el reflejado en la película "Patch Adams", un médico que desde mediados de los 60 trató de incorporar a la ciencia de la medicina el humor como herramienta terapéutica. La historia la popularizó de manera magistral el actor y humorista Robin Williams.

Hoy en día existe la "Risoterapia", un método terapéutico donde a través de ciertas actividades grupales y corporales se provoca la risa a carcajadas y con ella libera las tensiones y se alivian las angustias. Recomendamos este tipo de actividades que ahora se pueden encontrar en la mayoría de las grandes ciudades.

Según los "risoterapeutas": **Científicamente, se ha comprobado que la risa, la carcajada, aporta múltiples beneficios:** rejuvenece, elimina el estrés, tensiones, ansiedad, depresión, colesterol; ayuda a adelgazar, calma dolores, ayuda contra el insomnio, también contra problemas cardiovasculares, respiratorios, cualquier enfermedad. Nos aporta aceptación, comprensión, alegría, relajación, abre nuestros sentidos, ayuda a transformar nuestras pautas mentales. Recientes estudios sobre la capacidad de las carcajadas para combatir todo tipo de enfermedades indican que liberamos gran cantidad de endorfinas mientras reímos; las endorfinas son responsables en gran parte de la sensación de bienestar.

Nacemos predispuestos para la diversión y la expresión primaria de esa disposición es la risa. Cuando estimulamos adecuadamente a los bebés, éstos desarrollan más rápidamente sus habilidades como seres sociales y la sonrisa se convierte en la forma en que tomamos contacto de manera más saludable con nuestro entorno. Ver a un niño reír es como un regalo que te cae del cielo y te puede hacer sentir que este mundo aún tiene esperanza. Los niños ríen mucho durante su infancia y en la medida que vamos creciendo reímos menos, cosa que es una verdadera lástima, porque pareciera que el resultado de una supuesta buena educación es volvernos más serios. Los niños disfrutan con pompas de jabón, cuando otro niño se cae, con el viento por la ventanilla del coche, cuando algún adulto se atreve y les hace caras graciosas y cuando está bien en general el niño ríe espontáneamente. Luego llegamos los adultos a decirles que las cosas no son tan divertidas como ellos creen, que la vida es muy dura y que ya llegará el día en que tengamos que enfrentar nuestras propias responsabilidades, como si esto tuviera que ser sinónimo de aburrimiento. No es de extrañar que muchos niños no quieran crecer.

Así que una idea útil es empezar a revisar si somos seres aburridos y aburridores, cuántas veces nos reímos ayer, cuántas veces nos hemos reído hoy y qué podemos hacer para cambiar esa seriedad que nos invade a muchos de nosotros. Si nos volvemos más divertidos, encontraremos una nueva y excelente faceta de nuestro ser que nos acercará más a los demás y a nosotros mismos. Si descubres que te falta ser más divertido y no encuentras la manera de cambiar no tengas dudas en consultar con un especialista.

Octava idea útil: *Busque momentos de humor, programas de televisión, de radio, viñetas, caricaturas, películas. Promueva y ejercite la risa de manera permanente.*

Practique el acróstico D.A.R.:
disfrutar – aprender – reflexionar

> En donde no hay caridad
> no puede haber justicia.
> **San Agustín**

Durante muchos años, cuando me invitan o contratan a hablar delante un grupo de personas, independientemente del tema específico que se vaya a tratar, procuro empezar con el acróstico D.A.R. como objetivo. Las tres palabras que lo componen y la cuarta que se forma con sus letras, son para mí un excelente marco para que las ideas del tema específico se dimensionen en la justa medida.

D: Disfrutar: Aunque ya hemos mencionado el tema en el capítulo anterior quisiera insistir, sin ser repetitivo, que cualquier actividad que hagamos en la vida si es divertida puede llevarnos a disfrutarla y en consecuencia a que sea más satisfactoria y significativa para nosotros e incluso para quienes nos rodea. Sin embargo, para disfrutar es necesario practicar dos cosas: el principio del "Aquí y Ahora" y la "Disposición positiva".

1) **El principio del "Aquí y Ahora":** **Aquí** tiene que ver con el espacio y **Ahora** hace referencia al tiempo. Este fundamento milenario del bienestar dice que para poder disfrutar es necesario estar centrado con todos nuestros sentidos en lo que estamos haciendo, ordenándole a nuestra mente que no se distraiga en asuntos del pasado, del futuro o de otro lugar. Como lo expresarían maestros de oriente y occidente, "cuando estoy caminando, estoy caminando, cuando estoy comiendo, estoy comiendo". ¿Cómo puedo disfrutar de mi comida, si mientras como, estoy pensando en la manera de resolver el problema de mi oficina? o, ¿cómo puedo disfrutar de mi pareja, si cuando estoy con ella estoy concentrado en asuntos y resentimientos pasados? Si práctica el principio del **"Aquí y Ahora"** descubrirá que lo que hace habitualmente tiene un nuevo sentido. Los accidentes laborales y domésticos suelen ocurrir precisamente porque las personas tienen y mantienen su cabeza, su ser, su concentración, en algo completamente diferente de lo que están haciendo.

2) **La Disposición positiva y pro-activa:** Disposición es la actitud que tiene nuestro organismo ante cualquier evento. Generalmente se piensa que la actitud que tomamos ante las cosas que enfrentamos es una reacción al cómo

esas cosas nos han salido en el pasado, o a cómo nos están tratando en el presente, o a cómo pensamos que esas cosas nos tratarán en el futuro, o a cómo han tratado a otras personas. Sin embargo la disposición puede no ser sólo un asunto de re-acción, también puede ser un asunto de **pro-acción**. Esto significa que nos damos la orden de disponernos positivamente ante cualquier asunto y vivirlo en el aquí y el ahora. Ante cualquier tarea o el diario empezar del día, si tenemos la energía para auto desmotivarnos y decirnos "otro pesado día de trabajo" y conseguimos que efectivamente sea eso; quiere decir que también tenemos la energía para decir "otro día, otra aventura, otra experiencia" y dedicarnos a vivir paso a paso lo que nos depara el día o mejor aún, nosotros decidimos cómo queremos que sea nuestro día. Las personas que piensan que cuando se expone esta idea se peca de un exceso de optimismo, hay que recordarles que probablemente ellos han asumido el lado reactivo de la vida, esperan a que las cosas pasen para tomar partido ante ellas, habitualmente para quejarse de que no han salido como ellos esperaban. Quienes deciden ser pro-activos, son quienes provocan voluntariamente y deliberadamente "**el cómo**" irán las cosas. Por cada ley de Murphy que dice, "si algo puede salir mal, saldrá mal", se le podría aplicar la ley "si algo puede salir bien, pondré toda mi energía para que salga bien". Si luego no sale bien, pero seguimos siendo proactivos, encontraremos en esa experiencia un aprendizaje para el futuro. Si no lo somos, lo que sacaremos es más resentimientos y más quejas.

Lo que nos lleva a nuestra segunda letra del acróstico.

A: Aprender: aprender es una característica que muchos seres vivos, no solamente los humanos podemos desplegar. Sin embargo en los humanos este aprendizaje tiene unas cualidades especiales que pueden procurar muchas experiencias positivas. Aprender de manera general como una actitud ante la vida puede generar que cada situación se convierta en una aventura que nos puede hacer mejores cada vez. Para explicar mejor el concepto diré que para aprender también es necesario desarrollar dos habilidades: **Flexibilidad mental y Humildad.**

Flexibilidad mental: Las personas **rígidas** son aquellas que no aceptan sino una solución posible ante las situaciones, que se comportan de una misma manera aunque la situación esté exigiendo o pidiendo que se comporte de una manera diferente. Son personas que se escudan en la aparente buena idea de "yo soy una persona seria y soy la misma en todas las situaciones". Creo que, si ha estado atento a lo que hemos hablado hasta aquí no es necesario alargarnos para desmontar esta idea como poco útil. Las personas rígidas suelen sufrir más y hacer sufrir más a su entorno. Su nivel de negociación es cero y terminan convirtiendo su propia vida y la de sus familias en una dictadura. Paradójicamente está siendo víctima de sus propias ideas. Ahora, ¿si mis ideas no me sirven para vivir mejor y hacer vivir mejor a quienes me rodean, para qué mantengo esas ideas?. Tal vez piense que no tengo nada que hacer, que son ideas que nos metió una educación anterior o quizá, como ha sido una buena excusa para este tipo de personas alentada incluso por algunas ciencias, por culpa de nuestros padres, profesores o tutores. El asunto es más liberador. Recuerde: **si usted no está de acuerdo con algunos principios que practica en su vida y que no le hacen estar mejor, ¡pues cámbielos!**. Tiene derecho a cambiarlos por sus propios medios, pero también tiene derecho si no lo logra solo, a consultar a otras personas, sean o no especialistas. La flexibilidad mental se desarrolla *escuchando* a los demás y dándoles valor a lo que dicen, así no estemos de acuerdo. Simplemente aceptamos que hay personas y opiniones diferentes en la vida, porque esa es justo una característica maravillosa de ella, es la diversidad de opiniones y visiones. La flexibilidad mental se desarrolla aceptando que muchas más cosas de las que creemos y aceptamos, son posibles, por extrañas e inaceptables que nos parezcan.

Humildad: Lo contrario de humildad tal vez sea el orgullo, pero prefiero llamarlo prepotencia. Los prepotentes son una verdadera lacra para esta sociedad y para la evolución de la especie humana. Son casi una raza aparte y puedes encontrarlos en todos los estratos sociales. Es más, creo que es una deformación que viene dada con un tipo de educación encaminada a mantener el **status quo.** Todos nos hemos enfrentado alguna vez a este tipo de personas, que cuando además tienen una cuota de poder, el asunto se vuelve aún más dramático. Un padre prepotente, un profesor prepotente, un jefe prepotente, un político prepotente, un presidente prepotente, son un verdadero "coñazo" e incluso un riesgo para esta sociedad. Cuando se cruzan dos prepotencias el asunto pinta peor aún. E infortunadamente a eso nos tienen acostumbrados nuestros políticos, con la característica, aún más peligrosa, de que ellos están convencidos de que esa es la única manera de hacer política. Ser humildes no significa humillarnos ante los demás. Ser humildes es aceptar que somos uno más en medio de 7000 millones de habitantes y que nuestra opinión es tan importante como la de los demás. Ser humildes es aceptar que no somos más que nadie, pero también entender que no somos menos que nadie. Aunque esta definición no cuadre con la habitual de la humildad cristiana, ser humildes significa una expresión suprema de sentirnos **iguales** a los demás con todo lo que ello implica. Cuando me siento igual a los demás reconozco que su opinión y su existencia es tan digna como la mía y entonces tengo la flexibilidad mental suficiente para escuchar su verdad y por tanto puedo aprender. El prepotente es un mal aprendiz. Una antigua historia oriental dice que un rey quería iluminarse y que llamó a su presencia a un sabio iluminado para que lo guiara. El sabio le pidió que sujetara una copa para llenarla de vino y éste se la llenó, pero no paró de verter vino y éste empezó a regarse por fuera de la copa. Ante la reacción del Rey por aquella grotesca demostración, el sabio le dijo, hasta que no te vacíes, no te cabrá una gota más de conocimiento. La trascripción no es exacta, pero ilustra lo que quiero decir. Un prepotente no le da crédito a ninguna idea que no esté incorporada ya en su repertorio de creencias. Si hacemos caso a los descubrimientos de la psicología moderna que dice que sólo estamos dispuestos a creer aquellas cosas para las que ya estamos predispuestos inicialmente, podría afirmar, a riesgo de ser fatalista, que la prepotencia es una lacra de toda la sociedad en algún nivel y en algún tema. Léase por ejemplo la actitud de las abuelas ante los métodos modernos de sus hijos e hijas para criar a sus nietos; o la actitud arrogante del experimentado mecánico ante una máquina que hace más rápido y mejor lo que él hacía antes; o la actitud de los niños de 4º de primaria cuando hablan de lo que ya estudiaron con los niños de 3º. Ser humildes no es fácil, pero no imposible. Sólo piense que su visión de la vida es una siete mil millonésima parte de la realidad (1/7.000´000.000) y se dará cuenta de su tamaño en esta existencia.

R: Reflexionar: Esta palabra, que tiene que ver mucho con flexibilidad porque significa algo así como "*volver sobre el movimiento propio*" (Re[volver a] flexionar [doblar, mover, accionar]), invita a no dejar pasar de largo la vida, a meditar ante lo que nos pasa y les pasa a los demás. Invita entre otras cosas a hacerle un poco de contrapeso a la "**cultura light**". Esa cultura de lo frívolo, de lo muy rápido, del desgaste apresurado de cualquier placer, que es la cultura que estamos viviendo. No quiero plantear aquí una polémica sobre que esta cultura es mala porque la anterior era mejor, ni mucho menos. Si nos atenemos a lo que los seres humanos hemos hecho y a las ideas que he planteado hasta aquí, habría que decir que ni la anterior, ni ésta, ni la que vendrá, será mejor o peor de lo que cada uno haya decidido, decida o decidirá. Estoy diciendo que para poder poner en perspectiva nuestra vida y re-construirla como nosotros queremos es necesario sacar momentos de reflexión. El que esté usted leyendo esto es muy halagador, pero es útil que lo haga usted en solitario y en compañía con otros, debata, argumente, plantee posiciones ante las situaciones, busque diferentes soluciones ante problemas comunes, pero sobre todo no deje de preguntarse y cuestionarse sobre usted mismo. Le voy a dar dos preguntas que le pueden servir o puede que a algunos le genere una pequeña crisis. En ambos casos, confío en que tendrán la disposición positiva y pro-activa funcionando y le sacarán el máximo partido a estos dos interrogantes. El primero es **¿Me gusta lo que hago?** Y el segundo es **¿Me gusta la gente?** Cuando en el primero se dice hago, se refiere a una amplia gama de posibilidades, incluidas posiblemente en dos categorías, Familia y trabajo, ¿me gusta mi desempeño y el papel que me toca jugar en mi familia?, ¿me gusta mi trabajo?. Si descubre que no es así es posible que este libro haya sido de mucha utilidad para usted. Recuerde, siempre será posible que en un acto heroico usted cambie aquellas cosas que no le gusten de su vida. Algunos dirán, con respecto a su trabajo, yo quisiera hacer otra cosa, pero es que no sé hacer nada más que esto? A estas personas les preguntaría, ¿qué están haciendo por aprender lo que verdaderamente quieren? ¿Qué excusas están poniendo para aprender algo diferente? Si alguien dice es que por el momento es esto lo que he encontrado para trabajar, aunque no es que me guste, a ellos les preguntaría:

¿Está practicando el principio del aquí y ahora? ¿Está convirtiendo esto que no le gusta en una experiencia de aprendizaje? ¿Está generando soluciones para que en el momento en que pueda hacer un cambio sepa más o menos por dónde hacerlo?

Ahora, con la pregunta **¿Me gusta la gente?** También el abanico es amplio y a las dos categorías anteriores habría que añadirle el del grupo de amigos. Por extraño que parezca, muchas personas están atrapadas en un círculo de "amigos" que no les gusta o que no les aportan nada, más que problemas y discusiones. Es posible que en otro momento lo hayan hecho, de lo contrario no se hubieran hecho amigos, pero la relación no evolucionó y se fue desfasando en el tiempo y terminó siendo más una relación cómoda de costumbre que una relación nutritiva donde la amistad se renueva y aporta a las partes esa sensación inigualable de la amistad.

De igual forma y un poco más general, la pregunta de si me gusta la gente quiere decir que si a usted los demás le causan cierto rechazo sólo porque no soporta sus formas, sus maneras, sus colores, sus ideas, sus gustos, etc., probablemente se esté metiendo en una espiral de aislamiento construida exclusivamente por usted y sus propias creencias.

Y **¡ATENCION!,** como usted también es gente, este rechazo abstracto a la gente, posiblemente, como dirían los psicólogos, sea un reflejo de su rechazo a usted mismo. Cuando mis amigos me preguntan qué como me ha ido en mi nuevo país, donde me he mudado hace algunos años, les digo que bien, que por ahora me siento bien acompañado conmigo mismo y que no añoro de manera especial volver a mi antigua ciudad, les aclaro que parte del problema es que muchas personas no son una buena compañía para ellos mismos y que mientras esto sea así, ni estando rodeado de toda nuestra gente querida nos vamos a sentir acompañados. Posiblemente porque no nos sentimos bien acompañados por nosotros mismos es que preferimos vivir cercanos de las cosas y personas que nos son queridas para poder ocuparnos de ellas y relegar a un tercer plano el ocuparnos y reflexionar sobre nosotros mismos.

Y por último el acróstico forma la palabra **DAR**.

Y esto ya es hablar de las grandes ligas de los valores humanos, pero también de ideas útiles para estar y sentirnos mejor. El amor es Dar, dicen quienes saben amar. No tiene nada que ver con el pedir. Y no nos referimos sólo al amor de pareja. Los padres sabemos en nuestras carnes que amar es dar. No nos referimos tampoco a cosas materiales, estamos hablando de dedicación, sacrificios, tiempo, experiencias. Nos volcamos con nuestros hijos para que a ellos nos les falte de nada. Y aún cuando pensamos que puede ser educativo que les falte algo porque es deformador darles todo, también estamos haciendo un acto de amor.

No queremos tampoco demeritar el recibir, así como es importante aprender a dar sin esperar recompensa, es importante que cuando nos dan, aprendamos a recibir sin sentirnos hipotecados. Si alguien nos da, en un entorno de una relación transparente y desinteresada, hemos de aceptar con humildad ese regalo, independientemente de que creamos que nos lo merezcamos o no, sólo porque estamos permitiendo que el otro practique su generosidad. Aún así, dicen los sabios, santos e iluminados que es mejor dar que recibir, o como diría San Francisco de Asís en el Himno de la Paz, "porque dando es como recibo" que yo interpreto como que el tener ya la oportunidad de dar es suficiente recompensa.

Dar sin esperar recibir o esperar recompensa es un acto bellísimo propio de almas nobles, pero al alcance de cualquier persona. Cuando lo practicas sientes que eres parte de algo más grande que tu mismo, reconoces que cualquier pequeño cambio puede provocar grandes efectos, te metes al grupo de quienes tienen esperanza para esta humanidad y abandonas el grupo de los desesperanzados. No tienes por qué convertirlo en una obligación, pero por lo menos puedes ensayar y ver cómo te va. Apadrina un niño, colabora con una ONG, haz algún voluntariado, participa en una jornada deportiva o cultural para recaudar fondos. Esto pensando en los demás, fuera de tu círculo familiar. Ahora pensando en tu familia, reflexiona cómo más puedes practicar el dar, no sólo con dinero, sino con apoyo afectivo, psicológico, con compañía o cualquier cosa que se te ocurra. Hazlo sin que haya un motivo y sin esperar recompensa. Si a ellos les parece extraño, échale la culpa a este libro, diles que lo leíste y que estás practicando el dar sin esperar recibir. ¡Quién sabe! A lo mejor formas una cadena de dar sin esperar recibir entre más gente.

Novena idea útil: **Practica el acróstico D.A.R.**

La insoportable
impredictibilidad del ser

> La incertidumbre es una margarita
> cuyos pétalos no se terminan
> jamás de deshojar.
> **Mario Vargas Llosa**

> La humanidad, partiendo de la nada
> y con su sólo esfuerzo,
> ha llegado a alcanzar las más altas
> cotas de miseria.
> **Groucho Marx**

Parafraseando a Milan Kundera con su Insoportable Levedad del Ser, otra idea útil que quiero comentar es la insoportable impredictibilidad del ser humano. La idea es muy simple: **"El ser humano puede salir con cualquier cosa en cualquier momento, respaldada por cualquier justificación, racional o no."**

Tal vez contrario al acento positivo de lo que llevamos hasta aquí, he de decir que ésta puede ser tal vez la mejor de las ideas útiles, pero a la vez también la más atormentadora.

Hemos crecido con la necesidad heredada de prejuzgar, juzgar y post-juzgar. Y todo cuanto se mueve a nuestro alrededor genera o merece nuestra opinión, pero nuestra opinión está "viciada" por el cristal con que miramos esa realidad, aspecto que ya hemos explicado. Dependiendo de ése cristal vamos a sufrir más o menos. Sin embargo hay cosas que se salen de toda nuestra posibilidad perceptiva y siempre nos sorprenden. Afortunadamente muchas de esas situaciones están protagonizadas por la naturaleza. Para éstos casos la recomendación es, ¡disfrute!, no deje de sorprenderse, porque en esa visión inocente de niño se encuentra la posibilidad de no envejecer el pensamiento y poder gozar la vida. Pero muchas de esas situaciones que no se acomodan a lo que nosotros conocemos o podemos comentar, debido a nuestra "infinita" sabiduría y experiencia, están estelarizadas por los seres humanos. ¡Sí!, esos seres humanos, maravillosos, llenos de sabiduría, inteligencia y evolución. ¡Sí!, nosotros. Somos capaces del mejor y más fantástico invento, pero también de la más demencial brutalidad.

Por más estudios psicológicos, sociológicos y antropológicos que apunten a la predicción de la conducta humana, el ser humano siempre se las arreglará para poner a prueba la capacidad de creer del resto de los seres humanos.

Cuando escucho a alguien que dice: ¡Yo no puedo creer que haya personas capaces de hacer algo de esa índole!, pienso para mis adentros: "O esta persona conoce a pocas personas o tiene muy poca imaginación".

¿Dónde está lo inadecuado de esta sorpresa? En lo mismo que hemos hablado hasta ahora. Es más útil, quiero decir que te prepara para lo inesperado, pensar que el ser humano puede salir con cualquier cosa en cualquier momento, que pretender que desde nuestro pequeño sistema de creencias, el ser humano sólo se puede comportar de unas determinadas formas que a nosotros nos parecen "normales", "útiles", "sanas", "aceptadas".

Si lo mira desde otra óptica ésta es una de las ideas más liberadoras que se puede encontrar. Dejar libre al ser humano en su mente, para que pueda salir con cualquier cosa, con explicación o sin ésta, con motivaciones lógicas o sin ellas. Cuando salga con algo verdaderamente genial diga con un gesto optimista: "Ése es mi ser humano". Si ve o se da cuenta de que el ser humano es protagonista de una brutalidad inimaginable, diga: "Ése es mi ser humano". Aunque posiblemente el gesto de éste último sea de decepción.

Desde otra óptica ésta no es sólo una idea liberadora sino también esperanzadora, ya que bajo esta idea está la posibilidad de que alguien, en algún lugar del mundo está desarrollando una idea que nadie calcula y que posiblemente resolverá muchos problemas que el ser humano no sabe cómo resolver. Posiblemente también esto incluya, el que haya algún demente que explotará una bomba en una escuela de niños, pero a esto es a lo que nos referimos, esa posibilidad viene en el paquete de la impredictibilidad humana.

Si los seres humanos viniéramos en un paquete que nos lo entregaran en casa, en la caja diría: *"Trátelo con cuidado, artículo muy frágil, pero más cuidado aún porque puede ser altamente inestable e impredecible".*

No se deje amargar por las cosas inadecuadas que el ser humano ha hecho, haga o hará. Se lo aseguro: El ser humano saldrá con cualquier cosa en cualquier momento, por razones lógicas o irracionales, o sin ninguna razón aparente.

Décima idea útil: *"Espere lo inesperado"*

Ideas rápidas

a. Una pequeña tontería al día. La cuota de adrenalina.

> Nuestras mayores tonterías pueden ser muy sabias.
> ***Leonardo Da Vinci***

Nos educan para ser extremadamente serios y que nos tomemos la vida en serio y que hay que ser serio en la vida y cosas serias como esas. Y no quiero entrar en conflicto con aquellas personas que esto les ha servido y que de hecho el ser serio en la vida les ha posibilitado algunos éxitos. Incluso muchos cómicos profesionales dirían que han llegado lejos, gracias a que se han tomado su carrera de humorista de forma seria y responsable. Sin embargo, quienes sostienen que la seriedad es un valor ineludible de la vida, no negarán que un exceso de seriedad puede llevar también a tener una vida aburrida, sin riesgos y sin retos. Al igual que existen muchas personas que afirman que la seriedad es una virtud que hay que desarrollar y desplegar, también existen una gran cantidad de personas, entre ellas innumerables científicos que afirman que un exceso de seriedad lleva a que las personas se pierdan el sentido lúdico de la vida. Una vida sin riesgos es una vida que tampoco merece la pena ser vivida. Una vida totalmente asegurada y seria, hasta en las expresiones más elementales y los sentimientos más genuinos, es una vida que no nos permite sentir esa pasión por el vivir. Para quienes estén cansados de tanta seriedad en su vida, una recomendación adicional: *"Hacer una pequeña tontería al día"*. Una cuota de adrenalina al día puede darnos un gran nivel de energía adicional. Sobra decir que no tiene que ser nada espectacular, y mucho menos algo que ponga en ridículo o en riesgo a alguien más. Podríamos enumerar infinidad de cosas que pueden ser una pequeña tontería, pero lo dejaremos para que su creatividad se exprese.

b. Salir de nuestra zona de comodidad

*El hombre razonable se adapta al mundo;
el irrazonable intenta
adaptar el mundo a sí mismo.
Así pues, el progreso
depende del hombre irrazonable.*
George Bernard Shaw

Una consecuencia de la educación para la seriedad en la vida es educarnos para la comodidad y la pereza. Llegamos a un punto en nuestras vidas donde decimos *"hasta aquí está bien"* y dejamos de imponernos retos. Como resultado de esta actitud nos volvemos perezosos y sólo nos movemos sobre lo seguro. Nos llenamos de múltiples rutinas en todo lo que tiene que ver con nuestra vida. Tenemos un número determinado de platos para comer, hacemos el mismo ritual para acostarnos, para ir al trabajo, para los fines de semana, vemos los mismos programas de televisión, e incluso mascullamos los mismos pensamientos una y otra vez. Vuelvo a aquí a valorar a las personas para quienes el haber tenido una rutina en su vida les ha salvado su vida o les ha permitido tener algún éxito. Pero... la idea útil que queremos transmitir aquí es que si quiere vivir mejor es necesario salirse de su zona de comodidad. [6] Salirnos

---

[6] *"Confort area"*. Quienes quieran profundizar más en esta idea pueden revisar la literatura

de nuestra zona de comodidad implica hacer un esfuerzo adicional, comer alguna cosa que no nos gusta, caminar por un lugar diferente, decir y expresar sentimientos que habitualmente nos callamos aunque queramos decirlos y en definitiva retarnos a nosotros mismos de manera consciente y sistemática. Está claro que esta idea va en contra de lo que la sociedad de consumo nos recomienda bombardeándonos con anuncios publicitarios todo el día. Podríamos establecer para esto un pequeño matiz que puede salvar la situación en aras de respetar todas las posiciones ante la vida, sobre todo aquella que dice que *"si puedo vivir cómodamente, por qué no he de hacerlo"*. El matiz es el siguiente: una cosa es disfrutar de las comodidades y otra muy diferente es que las comodidades nos incapaciten para enfrentarnos a las variaciones de la vida. Puedo tener un excelente sofá para descansar, pero si el tenerlo me imposibilita sentarme con una actitud tranquila y relajada en cualquier otro sitio, la supuesta comodidad que me da el sofá me está imposibilitando para otras variaciones. Una cosa es vivir cómodamente y otra ser un "acomodado" en el sentido peyorativo del término. Salga de su

---

acerca de lo que los estadounidenses llaman "Proyecto Aventura" (Adventure Project), que consiste en una serie de ejercicios vivenciales que tienen como objetivo sacarnos de nuestra zona de comodidad.

zona de comodidad y se encontrará con aspectos nuevos de su ser.

c. Ejercicio Físico

> Para hacer ejercicio, pasee con alguien
> que le acompañe de buen grado,
> preferentemente un perro.
> ***David Brown***

Esta idea es muy simple. Hay que hacer ejercicio, hay que hacer ejercicio, hay que hacer ejercicio, hay que hacer ejercicio. No saque excusas. La salud sólo se puede mantener en la medida en que se haga ejercicio. Una actividad física que le suponga a su cuerpo un esfuerzo adicional y que contrarreste su vida sedentaria. Tenemos mil excusas para no hacer ejercicios y existen mil razones para hacerlo. Dé la pelea. Haga que las razones para hacerlo le ganen a las excusas para no hacerlo. Hacer ejercicio no te hace automáticamente feliz, pero si dispone tu cuerpo para enfrentar las dificultades con un ánimo diferente. Busque el ejercicio que más se acomode a sus gustos y posibilidades y si sus excusas son "no tengo tiempo" "a mi no se me da bien", "me da pereza", vuelva a leer la idea anterior, porque posiblemente no se enteró de lo que decía.

d. Buscar ratos de silencio

*Si lo que vas a decir
no es más bello que el silencio:
no lo digas.*
Proverbio Árabe

Otra idea sencilla que puede descansar nuestra mente y nuestro espíritu es buscar ratos de silencio y quietud. Para algunas personas es muy atormentador el silencio y tienen que tener algo encendido todo el tiempo, ya sea la radio o el televisor, aún cuando ellos ni siquiera estén presentes en la misma habitación. Pero hay que aprender. Haga el siguiente ejercicio. Apague todas las luces, siéntese en su lugar favorito, cierre los ojos, apague todo lo que haga ruido y haga silencio. A menos que vivas en el campo es muy difícil que se haga un silencio absoluto. Algunos dirán que eso se hace justamente antes de irse a dormir. Pero una cosa muy diferente es hacerlo consciente y voluntariamente. Todo un mundo de tranquilidad y solaz se abre ante ti. Tus pensamientos, los mismos de siempre, las preocupaciones te dirán interiormente que dejes esa tontería, pero no les hagas caso, tú sigue adelante atrayendo el mayor nivel de silencio posible. No hagas esfuerzos innecesarios, pero no dejes de esforzarte. Empieza por sólo 5 minutos y luego vas ampliando el tiempo. Las personas que vivan contigo te preguntarán si te pasa algo, Diles simplemente que no pasa nada, que sólo quieres pasar un rato en silencio contigo mismo(a). Muy pocas personas critican esta opción, y si lo hacen, no pasa nada, cuando te vean más sosegado y tranquilo deducirán por ellos mismos que esos ratos "extraños" de silencio contigo mismo(a) tienen sentido. El cómo, cuándo y dónde sacarás tus ratos de silencio lo dejaremos también a tu creatividad.

Recomendación final

Existen en este libro ideas muy sofisticadas, pero que de lo simple que las hemos expuesto pueden ser poco valoradas. Sería una pena que usted desperdiciara el mensaje que existe en el fondo de cada una de ellas sólo porquen la exposición no ha sido extensa y rigurosamente "científica". No sólo porque me descalifique como escritor, que tenga la seguridad que sabré superarlo, sino porque en ellas no hay posiblemente nada original. Son ideas dichas por cientos de maestros espirituales, científicos, poetas y sabios de todos los tiempos, y en la medida que usted las profundice se dará cuenta que hay muchas otras ideas colaterales que le ayudarán a vivir mejor.

Los ecologistas de los últimos tiempo han acuñado el término **"otro mundo es posible"** refiriéndose al hecho de cómo la globalización y los modelos macroeconómicos actuales han llevado a abrir más la brecha entre ricos y pobres en el mundo y no sólo eso, sino que ahora existen menos ricos con mucho más riqueza y muchos más pobres con menos posibilidades. Quiero ampliar el significado de esa expresión diciendo que otro mundo es posible, porque *estar mejor es posible*.

¿De qué depende? Obviamente de los programas y mejoras gubernamentales en lo que se refiere a servicios sociales y calidad de vida. Pero en lo que se refiere a manejar su vida, la respuesta es *"Depende sólo de Usted"*.

Entiendo que las personas no encuentren la fuerza y la disciplina para hacer cambios importantes en su vida, pero si ése es su problema y alcanza a reconocerlo, busque ayuda.

Sin embargo, si ha leído atentamente este manual de sugerencias reconocerá que también le hemos dado elementos para que el cambio lo haga a su ritmo. Estoy convencido que si aplica alguna de estas ideas su vida cambiará positivamente.

11 ideas útiles para estar mejor

www.ingramcontent.com/pod-product-compliance
Lightning Source LLC
Chambersburg PA
CBHW020016050426
42450CB00005B/496